Ariko Morimoto
Geheimbuch für Männer

Mauer Verlag
Wilfried Kriese
72108 Rottenburg a/N
Buchgestaltung: Wilfried Kriese
Titelbild: Privat
2014
ISBN 978-3-86812-324-1

www.mauerverlag.de

Inhalt

Vorwort

Was ich in diesem Buch niedergeschrieben habe, ist nicht „meine“ Meinung, sondern eine Erkenntnis, die jeder erreichen kann, wenn er sich von seinem „individuellen Ich-Geist“ entfernt und zu einem höheren „ursprünglichen Geist“ gelangt.
Von dieser Ebene aus sieht man nur zweierlei:
Dinge, die aus „Liebe“ entspringen oder
Dinge, die aus „Eigenliebe“ entspringen.
Was sie ausmacht und unterscheidet, werde ich im folgenden ausführlich beschreiben:
Es geht um den „Kern der Männerseele“, über den so gut wie keine Frau auf der Welt verfügt.
Der geistigen Welt ist es ein Anliegen, dass jeder Mann diesen Kern, der zuletzt bei jedem einzelnen identisch ist, in seiner Seele wiederentdeckt.
Oder, wer sich dessen Existenz bereits bewusst ist, sich auch endlich dessen „Wert“ bewusst macht.

Nach vielen Jahren habe ich nun diesen einen wichtigen Teil von der Beschaffenheit
und Struktur der geistigen Welt entschlüsselt.

Und nun heißt es, sich eingehend mit der „atmosphärischen Ebene“ zu befassen und zu lernen,
innerhalb dieser „wahrzunehmen“.

Denn es geht darum, dass wir endlich wissen, wozu wir da sind: Um zu kämpfen!
Wofür? Wogegen?
So gut wie jeder Mann trägt die Antwort in sich.

I Missachtete Männerseelen

1. Dass Mädchen heutzutage bessere Noten haben als Jungen, hat viel mehr mit ihrem Eifer und ihrer Selbstachtung zu tun, als mit einem höheren Intellekt oder gar leistungsfähigeren Gehirn.

Viele Mädchen und Frauen in der Gegenwart achten viel stärker auf sich, als die meisten ihrer männlichen Artgenossen.
Außerdem neigen sie zu Selbstüberschätzung und -überbewertung.
Man kann sagen: Sie sind selbstsüchtiger als die meisten Jungen und Männer.
Mädchen und Frauen in unserer Zeit sind tendenziell gieriger, mit anderen Worten:
süchtiger danach, sich selbst als „sehr" wertvoll zu empfinden.
Wenn sie also eifrig sind im „Lernen", „Reinlich sein", „Sich-Schick-Machen, in der „Körperpflege", sogar im „Nett-Und-Freundlich-Sein-Wollen", tun sie das alles für die eigene „Selbstaufwertung".
Natürlich machen sich auch manche Männer gerne schick usw. aber doch sehr selten aus den oben genannten Gründen.
Bei vielen dieser Mädchen und Frauen ist eine tiefsitzende „Arglistigkeit" für die Zielsetzung:
Wie kann ich schön, schöner und am Schönsten sein?

- Und auch: Wie kann ich die anderen abwerten bzw. schwächen, damit ich am Ende als „wertvoller“ erscheine und mächtiger werde als sie? - sehr häufig zu finden. Bei Männern und vor allem bei Jungen sind solche Anwandlungen nur sehr selten festzustellen. Dies unterliegt aber wohl kaum einer hormonellen Einwirkung.

2. Die heutzutage oftmals genannte „Schwäche“ des Mannes kommt ursprünglich dadurch, dass er körperlich in einer Frau wächst und durch sie gezeugt wird.
Ein Junge wohnt in einem Frauenkörper und kommt von dort aus zur Welt, und als allererste, wichtige Person sieht er die Frau, seine Mutter, bei sich.
Von Anfang an fühlt der Junge schon, dass seine Umgebung und seine Mutter, auf eine ihm zu diesem Zeitpunkt natürlich noch vollkommen unergründliche Weise, „fremd“ und „andersartig“ sind.
Er wird sich letzten Endes nicht vollständig mit ihr „identifizieren“ können, wie auch nie richtig von ihr „erkannt“ und „verstanden“ werden.

Auf diese „Ur-Einsamkeit“ geht das ganze tragische Drama der Männerwelt zurück.
Diese Thematik und ihre Auswirkungen wurden in letzter Zeit auch vermehrt von den Medien aufgegriffen. Dazu gehören: Gewaltneigung, Selbstvernachlässigung bis hin zu Verwahrlosung, vermeintliche Gefühlsarmut, Abkapselung vom ursprünglichen Ich (z. B. „jobbedingt“: Man schlüpft in die den Vorgaben entsprechende Rolle),

Suchtkrankheiten und andere psychologische Auffälligkeiten, einen deutlich größere Neigung zu Kriminalität und Selbstmord gegenüber den Frauen.

3. „Geistige Macht“ ist eigentlich immer schon eher von Frauen ausgegangen.
Dass allerdings z. B. hierzulande über zahlreiche Jahrhunderte die „dominante“ Rolle von Männern übernommen zu sein schien, ist in Wahrheit ein Trugbild.
Denn die meisten Männer waren bis heute zu keiner Zeit wirklich „selbstbewusst“, das heißt, sie waren nicht in der Lage, ihr volles Potential auszuschöpfen.
Bisherige Geschichte, Gesellschaftsstrukturen und Kulturen mit Männern an der Spitze der Macht waren in Wirklichkeit nicht von Männern hervorgebrachte Ergebnisse.
Tatsächlich war die Großzahl der Männer sozusagen „verformt“ von der heimlichen und sehr subtil wirkenden, „weiblich-geistigen Macht“, die viele Frauen in sich hatten. (Diese Macht wird im Folgenden ausführlich erläutert.)
Und genau diese enorm bestimmende „weiblich-geistige Macht“, die zuletzt bedenklicherweise von überwiegend bösartiger Natur ist, brachte die Männer dazu, so zu handeln, wie sie es ihnen abverlangte.Viele Männer wurden ausgenutzt und manipuliert (Auf diese Macht wird später noch ausführlich eingegangen).

Näher betrachtet sind Männer, die bis heute Status und beruflichen und/oder sozialen Erfolg und vermeintliche „Macht“ erreicht haben, größtenteils diejenigen, die sich „brav“ den bisherigen, Gesellschaftsstrukturen fügen konnten. Sie haben Erfolg, Geld und vieles andere bekommen, dafür aber bedenklicherweise ihre „Männerseele geopfert“.

4. Traditionelle Klischees, wie: „Frauen tun (oder „sind“) so und so, Männer so und so“, waren
einst vonnöten und sind zum Funktionieren der Gesellschaft auf natürliche Weise entstanden.
Dass in der Steinzeit die Frauen gebären und sich um die Kinder kümmern mussten,
zwang sie dazu, eher zu Hause zu bleiben. Und die Männer waren gleichermaßen dazu gezwungen, sich nach draußen auf die Jagd zu begeben. Die unabdingbare Pflicht zum Kämpfen gegen die wilden, aggressiven Tiere erforderte beim Mann unweigerlich, sich mutig und aggressiv zu verhalten. Sie mussten auch ihr „Revier“ verteidigen, wie es jetzt noch bei Tieren in der Natur üblich ist, was sich bei den Menschen zu einer Neigung zur Kriegsführung entwickelt hat.
Diese gesellschaftlichen „Rollen“ formten die männlichen Individuen sowohl auf der mentalen als auch auf der Verhaltensebene. Über die lange Menschheitsgeschichte hinweg haben sich diese geschlechtlichen Fixierungen in den Köpfen unserer Vorfahren von Generation zu Generation fortgepflanzt: Männer sind aktiv, jagen, kämpfen, er-

obern; Frauen pflegen, umsorgen, mitfühlen, horten..... Mit dieser Rollenverteilung schien es eine Zeitlang so, dass die Männer eher „dominierten“ und die Frauen eher „unterdrückt“ wurden. Es gab in unserer Geschichte natürlich tatsächlich viele Frauen, die dem Anschein nach her tatsächlich „Unterdrückung erleiden“ oder sich zumindest „unterordnen“ mussten. Doch bei genauerer Untersuchung wird trotzdem deutlich: Diejenige Macht, welche von jeher die ganze Weltgeschichte lenkte und führte, war am Ende doch immer hauptsächlich die heimliche, „weiblich-geistige Macht“. Diese war selten in Männern aktiv sondern vielmehr in den Frauen, die somit in der Wirklichkeit tatsächlich die dominierende Rolle einnahmen.

Die Frauenbewegung war es, die als erste erfolgreich das Joch des Mann-Frau Klischees brechen konnte. Viele Frauen waren dadurch nun imstande, nach und nach, ihr „wahres Potential“ zu offenbaren.
Und was macht sie nun tatsächlich aus?
Selbstsucht, Habgier, Herrschsucht bzw. die Sucht über die Kontrolle der Umwelt, Eifersucht, Böswilligkeit, Arglistigkeit, Selbstverliebtheit, Oberflächlichkeit, Neid, Grausamkeit. So sieht die Realität aus und man kann sie nicht verleugnen.

Diese geistigen Eigenschaften sind in der Gegenwart, insbesondere innerhalb der letzten 10 Jahre, sehr stark unter vielen Frauen zu beobachten. Das ist das Resultat, wenn Frauen von der Klischee-Rolle befreit sind und sich frei entfalten.

Hier werden die Dimensionen „weiblich-geistiger Macht“ sehr deutlich.

Durch solche geistigen Eigenschaften haben nun viele Frauen „ihr Leben im Griff“ und „das Glück“, dass sie genau so leben können, wie sie wollen und auch erreichen können, was sie anstreben.

Zwar hat es diese geistigen Eigenschaften auch schon früher gegeben, z. B. unter sogenannten „Erfolgreichen“ oder „Machtausübenden“ innerhalb der Gesellschaft, und das waren in vergangenen Tagen zum Großteil die „Männer“; Aber zu jenen Zeiten, als angeblich Männer die „Dominanteren“ gewesen sein sollten, waren diese geistigen Eigenschaften jedoch meistens nicht als Ergebnis freier Potentialentfaltung von Männer entstanden und waren in der breiten Bevölkerung nicht so stark ausgeprägt. Daher ist es nun angemessen diese „mächtige“ (und zugleich „üble“) geistige Eigenschaften „weiblich“ zu bezeichnen weil sie eindeutig bei Frauen besonders stark zur Geltung kommen.

Seitdem der Mann-Frau-Klischee-Joch gebrochen wurde, sind natürlich nun auch die Männer in der Lage, ihr wahres Potential zum Ausdruck bringen zu „können“. Und da haben sie es oft sehr viel schwerer als Frauen.

Die meisten Männer stehen bis heute bewusst oder unbewusst unter der geistigen Macht von Frauen, weil sie einst ihrer Mutter untertan sein mussten.

Mädchen sind zwar unter denselben Umständen groß geworden, aber sie können sich später im Erwachsenenalter von der geistigen Macht der Mutter befreien, nunmehr auf gleicher Augenhöhe und auch im gleichen Körper wohnend.
Vernünftig und kritisch können sie dann die eigene Mutter betrachten und beurteilen:
„In diesem und jenem Punkt ist Mama gut, in anderen Punkten weniger gut". Auch:
„In diesem und jenem bin ich besser als sie..." usw.

Jungen dagegen können nie diese „mysteriöse" Fremde, die sie einst aus ihrer so hilflosen Lage als Säugling und Kleinkind „gerettet" hat, seelisch neutral begutachten und beurteilen, weil es für sie unmöglich ist, diese von Grund auf anderen Wesen mit sich selbst zu „vergleichen".
Das ist bei den sogenannten „herrschsüchtigen Männern", die etliche Frauen oder zuletzt sogar die eigene Mutter (vom Anschein her) unterdrücken, auch nicht anders.

Um die eigene wahre und ursprüngliche Gestalt zu leben und das eigene wahre Potential zu entfalten, ist es für Männer notwendig, sich ganz allgemein von der von Frauen ausgehenden Macht - angefangen bei der eigenen

Mutter - vollständig zu befreien, und so auch zuletzt von der „geistig-weiblichen Macht“, die den größten Teil des Kosmos bis jetzt beherrscht.

5. Im tiefsten Bereich der Männerseele ist ein Kern, der an sich schon vollkommen ist.
Das Wirken dieses Kerns macht die wahre Gestalt der Männer aus und ist bei jedem identisch.
Männer müssen nur erkennen, dass sie in ihrer ursprünglichen Gestalt bereits vollkommen
sind und ihnen, in Hinsicht auf die Seele, Frauen nicht fehlen.
Mit diesem Kern können sie problemlos seelisch selbstständig sein und brauchen sich
diesbezüglich weder Frauen noch irgendetwas anderem unterwerfen.
Doch viele Männer tun genau dies, sie unterwerfen sich bewusst oder unbewusst, angefangen bei der eigenen Mutter und/oder Partnerin, dem Zeitgeist, d.h. dem, „was gerade so läuft“
bis hin zur gesamten Umwelt- und Gesellschaftsstruktur, obwohl sie viel Wertvolleres, nämlich den vollkommenen Kern, in sich haben.

Manche Männer haben Angst allein zu leben oder von der Partnerin verlassen zu werden.
Sie lassen sehr viel über sich ergehen und schweigen in verschiedensten, prekären Situationen, obwohl die Um-

welt um einiges besser und reicher wäre, wenn sie sich behaupteten.

Und das alles nur aus dem Grund, weil sie so dermaßen unsicher sind mit sich selbst;
resultierend aus der puren Unwissenheit, dass sie diese Unsicherheit keinesfalls nötig hätten, wenn sie sich ihres vollkommenen Kerns in der Seele bewusst wären.

Männerseelen vereinigen in sich die Chance, die das „Böse“ der Natur (-gesetze) und die menschliche Geschichte – Grausamkeit und Elend -, die einst aus „weiblich-geistiger Macht“ entstanden ist, umzuwälzen.

Nur die wenigsten Männer sind sich ihres Seelenkerns und dessen Wert bewusst, da sie nie die Gelegenheit hatten, erkannt, geschweige denn, anerkannt zu werden.
Keine Mutter konnte ihrem Jungen über seinen Kern sagen: „So und so bist du.
Und das ist schön und gut und vor allem wertvoll.“
Stattdessen wurden die Jungen in der Regel derart wahrgenommen, wie die Mütter von ihren Söhnen glaubten zu sein.
Die Jungen mussten somit allesamt ihren Seelenkern verleugnen, unterdrücken und vergraben oder letzten Endes, meistens unbewusst, vollständig verwerfen, nur weil dieser unerkannt blieb oder ignoriert wurde.
Natürlich konnten die Väter ihren Söhnen auch nicht hel-

fen, denn sie selbst sind auch einst in dieselbe seelische Verwahrlosung manövriert worden.
So sind sie ihnen gegenüber meistens emotional verlegen und wissen nicht genau, wie sie sie am besten behandeln sollen.

Und weil sich eine Vielzahl von Vätern selbst einst unbewusst seelisch missachtet fühlte, missachten sie in der Folge auch ihre eigenen Söhne als „gelernte Lektion".

Die „emotional-kalte Interaktion" unter Männern wird dadurch sozusagen allgegenwärtig praktiziert, also z. B. zwischen Lehrern und Schülern, Angestellten und Vorgesetzten, unter Kollegen und unter Freunden.

Wer als Junge ohne Zögern seinen Seelenkern unbewusst verwirft, um vermeintliche Liebe und Anerkennung von Mutter und Gesellschaft zu erhaschen, empfängt in Wahrheit - natürlich völlig konträr zur Sichtweise der Mütter - nur „Scheinliebe" und „Scheinanerkennung".

Solche, die sich also nach den Vorstellungen und Erwartungen von außen orientieren, lassen in sich ein perfektes „Scheinbild" entstehen, von dem sie aber glauben,
es sei ihr wahres Ich. Mit diesem Scheinbild kommen sie ohne Probleme klar mit der
Struktur der Außenwelt und berufliche und soziale Erfolge fallen ihnen zu.

Das sind oft entweder die sogenannten intelligenten, zugleich aber auch braven Jungen, oder die eher einfältigen, für die es sich hauptsächlich bequem anfühlen soll.
Beide kommen ohne Weiteres in der Familie und in der Gesellschaft zurecht.

Wenn sie in vorangeschrittenem Alter anscheinendes „Wohlergehen" erreicht haben, vergessen sie gänzlich, welchen wertvollen Schatz sie ursprünglich in ihren Seelen hatten.

Tatsache ist, dass diese Männer ein wirklich erbärmliches, angepasstes Leben führen, denn sie ließen sich die Eigenschaften, die ursprünglich fremd für sie sind, aneignen - und sich das eintrichtern, was eigentlich nicht in ihrem „Kern" zu finden ist:
Selbstsüchigkeit, Oberflächlichkeit .... usw.
Und dadurch haben sie ihre „wahre" Männlichkeit verloren.

Die Jungen, die sich ihres Seelenkerns mehr oder weniger bewusst waren und ihn nicht einfach verwerfen konnten, bekamen mit der Zeit zu spüren, dass die gesamte Außenwelt „Männer, mitsamt ihrem ursprünglichen Kern", nicht achtet, und so fühlten sie sich unverstanden und als Außenseiter der Gesellschaft.

Das führt unweigerlich dazu, sich nicht richtig ernstzunehmen, bzw. sich in vielerlei
Hinsicht zu vernachlässigen, da sie sich selbst nicht als genügend wertvoll empfinden können.
Sie beginnen dann sich innerlich zu verschließen und Misstrauen gegenüber der Außenwelt zu entwickeln.

Und das bringt unweigerlich weitere negative seelische Erfahrungen mit sich und führt vermehrt zu Krankheiten und Kriminalität oder eben auch dazu, sich selbst als klein und gering zu sehen und somit Ängstlichkeit, Schüchternheit und/oder allgemeine Passivität zu entwickeln.

6. Das aller Bedenklichste ist, dass gerade dieser verworfene und vernachlässigte Männerseelenkern der wirklich und wahrhaftig wertvollste Schatz der gesamten Menschheit ist.

Dieser Kern ist in der Lage, die „positivste Atmosphäre“ permanent zu produzieren, da er den direkten Zugang zum „Himmlischen“ hat.
Nämlich durch den „Abgrund“ und die damit verbundene Zugangspforte zum Himmlischen.
Dieser Abgrund ist das, worüber Man(n) niemals spricht und worüber auch niemals gesprochen werden soll. Dennoch ist er eben die unverzichtbare Voraussetzung zum Tor des Himmlischen.

Die positivste Atmosphäre ist „das Vollkommene", welches über die gesamte Menschheit und den Kosmos herrschen soll, weil sie imstande ist, das ganze Elend der Natur (-gesetze) und der bisherigen Geschichte ins Positive umzuwandeln.
Das ist die „wahre" und „wirkliche" Leistung und Wirkung, welche die Männer verrichten können. Kämpfe und Kriege waren für sie seit Menschengedenken Alltag. Von jeher kämpften Männer gegen verschiedene „Feinde", aber eigentlich war es ihnen bis jetzt verborgen, wer – besser gesagt: was – tatsächlich ihre wahren Feinde waren, wogegen sie kämpfen und wofür sie ihre Energie verwenden sollten.

<u>Wenn Männer also wirklich ihre wahre Gestalt offenbaren und sich wirklich selbstbewusst geben, können die Welt und der gesamte Kosmos ganz anders aussehen.</u>

7. Es existieren dennoch Ausnahmen: Es gibt Männer, die von Anfang an jenen „Kern" der Seele nicht besitzen, und es gibt Männer (bzw. Männern, vom äußeren Anschein her, gleichende Wesen), die von Anfang an keine sogenannte Männerseele zu besitzen scheinen.

Es gibt Männer, die Erfolg haben und zugleich ihren Seelenkern in sich bewahren konnten.
Der Großteil dieser Männer aber glaubt, dass ihr Seelenkern für den Rest der Welt unnütz ist, und so vergruben

sie ihn tief in ihrem Inneren und hielten ihn verriegelt und versteckt.

Es sei auch betont, dass längst nicht „alle“ Frauen die Eigenschaften haben, die hier geschildert sind. Und es gibt auch Männer, die bereits um den Wert ihres Seelenkerns wissen und gerade versuchen, sich damit zu behaupten.

8. Viele Männer, die lange Zeit von (negativen) fremden Einflüssen verformt und/oder manipuliert wurden, haben es schwer, selbst den wertvollen Kern wiederzufinden und ihn festzuhalten. Umso mehr ist es dringend notwendig, dass diejenigen Männer, die diesen Kern in sich bewahrt haben, dessen mächtige Atmosphäre in der Welt verbreiten und dadurch maximalen Einfluss nehmen.

9. Es ist keine Schande, wenn man nicht den Kern der Männerseele besitzt. Aber sie müssen sich der „positivsten Atmosphäre“, die die Männer mit ihrem Seelenkern verbreiten, unterwerfen. Es ist die harte Wahrheit, dass es bestimmt ist, wer – besser gesagt: was – über den Kosmos herrschen darf, und es ist eine ebenso harte Wahrheit, dass es Dinge (d.h. „Viren“ usw. - s. Kapitel V.+VI) gibt, die dazu existieren, um – zum Teil „für immer“ – in der geistigen Welt gestraft zu werden.

II Männer in ihren unterschiedlichen Lebenslagen

1. Die Tabelle Seite 26 und 27 zeigt je weiter oben, desto mehr Macht und/oder Erfolg in der Gegenwart
und je weiter links, desto weniger Einfluss von böser (manipulativer) Macht.

9. "Kampfbereite" Des Kerns der Männerseele und dessen Wert bewusst. Versuchen, sich damit auf verschiedensten Ebenen in der Öffentlichkeit (oder auch „heimlich") zu behaupten.	
	7. "Unentschlossene" Äußerlich der Umwelt angepasst aber zugleich bewusst über den Kern der Männerseele, trauen sich dennoch nicht, sich mit ihm zu behaupten. → passiv, sanft, zurückhaltend oder auch heimlich verschlossen.
8. "Duldsame" Des Kerns der Männerseele und dessen Wert bewusst. Versuchen, ihn stets zu bewahren, auch wenn dies nicht von der Umwelt anerkannt wird. Ihre Lebensumstände bedingen, dass sie keine Chance haben, sich damit in der Öffentlichkeit zu behaupten.	6. "Entkräftete" Die Enttäuschung darüber, dass der Kern der Männerseele vom eigenen Umfeld ignoriert wurde, das führt zu Entkräftung und einer von Grund auf depressiven Einstellung. → scheu, in sich verschlossen, gespaltenes und widersprüchliches Verhalten, Ängste → Krankheiten, Suchtprobleme

	2. "Betrogene" Der Kern der Männerseele ist vollständig (und irreversibel) zerstört. Sie haben Erfolg, Status und Macht und leben in einem "Scheinbild" des Selbst, sind damit zufrieden und handeln genau wie die sogenannten "Virenproduzenten" (Erklärung: S. Kapitel VI)	1. "Verantwortliche" sind die wahren "Virenproduzenten" oder dessen Produkt. Bei ihnen ist von Anfang an keine Männerseele vorhanden. Ihr Anliegen ist stets: Wie kann sich weiter „bösartige Viren“ (s. Kapitel V) vermehren und verbreiten in der Welt.
4. "Schlafende" von frühen Zeiten an, den eigenen Seelenkern verworfen, um sich der Umwelt aktiv anzupassen, aber der Kern "schläft" in tiefen, inneren Bereichen des Unterbewusstseins.		
	3. "Unbewusste" lassen sich sehr leicht manipulieren und handeln immer, wie ihre Umwelt es von ihnen verlangt, ohne jemals etwas zu hinterfragen bzw. über ihr Wirken nachzudenken. Sie wissen (im wahrsten Sinne des Wortes) nicht, was sie tun.	
5. "Traumatisierte" Die Enttäuschung darüber, dass der Kern der Männerseele vom eigenen Umfeld nicht anerkannt wurde, die daraus resultierende Wahrnehmung führt dazu, dass sich "Traumatisierte" oft und schnell persönlich angegriffen (attackiert) fühlen. Diese seelische Misshandlung ist der Herd für die Entwicklung eine allgemeinen Feindseligkeit gegen die Umwelt. → Misstrauen, Hass → Agressivität, Kriminalität		

2. Jeder Mann kann testen, ob in der Gegenwart der Kern der Männerseele in ihm vorhanden ist, indem er sich eine Szene vorstellt, in der er sich selbst urplötzlich, aus unerklärlichen Gründen, auf einer einsamen Insel wiederfindet, und zwar völlig alleine, ohne Handy und jeglichen anderen Kontakt zur Außenwelt.
Wenn er unter dieser Vorstellung eine Art panische Bestürztheit empfindet, ist dies ein unabdingbares Zeichen dafür, dass er schon seit langer Zeit seinen Seelenkern ignoriert hat.
Wenn er dagegen in etwa fühlt oder denkt:
„Ach, jetzt bin ich hier ganz einsam und allein...aber das ist ja auch nicht groß anders, als sonst auch...“, dann hat er seinen Kern noch bewusst bei sich.

Wer diese Szene als unangenehm empfindet, soll üben, sich gedanklich immer wieder in selbige Szene zu begeben
und den dabei auftauchenden Gefühlen aufmerksam zu begegnen.

Das ist eine gute Übung, um sich seines Seelenkerns bewusst zu werden.
Sie kann allerdings nicht wirken, wenn jemand von Grund auf keinen Männerseelenkern besitzt.

Jedoch gibt es eine Ausnahme: Männer, die „den Kern“ besitzen, aber das Alleinsein bzw. die bloße die Vorstellung davon nicht ertragen können.

III Die Wirkung von „weiblich-geistiger Macht“ auf Männer

Der ganze Kosmos ist von recht komplexer Beschaffenheit. Die zur Zeit gängigen Erklärungsversuche seitens der Physik sind jeweils nur eine Version von Erklärungsweisen, die lediglich unserer momentanen Gehirnfunktion und Denkweise zu entsprechen scheinen. Auch die ganze Realität, die wir täglich sehen, empfinden und erleben, basiert auf unseren jeweiligen Denkmustern und Gehirnstrukturen. Auch was man als „unveränderbar“ hält, u. a. die verschiedenen „Naturgesetze“, sind zuletzt nur von irgendwelcher geistigen Kraft und Macht „kontrolliert“. Die „weiblich-geistige-Macht“ ist es, die seit jeher über den größten Teil der Ordnung des Kosmos beherrscht und kontrolliert. Sie ist sozusagen die „halbherzige, verantwortungslose“ Natur, die sich einerseits „gutmütig“, andererseits willkürlich „bösartig“ benimmt. Als Ergebnis ist die ganze Grausamkeit der Erdgeschichte mit wahrhaftig tragischem Ende zu verstehen.

Einst hat die „weiblich-geistige Macht“ die Männer dazu gebracht, dass sie dem Körper und der Erscheinung der Frauen in ihrer Verführlichkeit völlig erlegen waren.

Die „weiblich-geistige Macht“ wollte, dass Männer auf diese Weise ihr gegenüber seelisch machtlos sind, denn es sind eben die Frauen, die am stärksten ihre Ideen durchzusetzen vermögen.

Es gab Männer, die fühlten, dass irgendetwas daran nicht ganz in Ordnung sein könnte, wussten aber nicht, wie sie es sich erklären sollten.
So entstand vielerorts eine verzweifelte Hilflosigkeit gegenüber Frauen, die zu einer „Diskriminierung“ oder „Herabsetzung“ der Frauen von Seiten der Männer führte.

Diese hatte eigentlich einen weitaus komplizierteren Hintergrund: nämlich, war das Elend, welches viele Frauen erleiden mussten kalkuliert von der „Allmacht des Bösen“, die aus „weiblich-geistigen“ Eigenschaften erwachsen ist, um Frauen und Männer zu einer heimlichen Feindseligkeit zu verleiten.

Dass die Frau als das „zartere Geschlecht“ bezeichnet wurde,
war ein weiteres Produkt der Arglist von „weiblich-geistiger Macht“.

Sie ließ Frauen schwach und harmlos erscheinen oder zumindest ließ sie die Männer das glauben.
In Wahrheit sind es die Männer, welche die zarteren Ge schöpfe sind.

Genauer ausgedrückt:
Männer sind „nach außen“, bezogen auf die körperlichen Anlagen, meist kraftvoll und robust ausgestattet, „innen“, also von der Seele her, jedoch zart und empfindsam.

Frauen sind im Gegensatz dazu „nach außen“ von Körper und Erscheinung
her meist zart und empfindsam und „innen“ kraftvoll und robust, bzw. z. T. derb und grob.

Das Problematische daran ist, dass eine „innere“ Robustheit und ein Kraftvoll-sein sehr leicht zu Unempfindlichkeit (im Sinne von Schmerzunempfindlichkeit) - Uneinfühlsamkeit - Grausamkeit und am Ende Bösartigkeit führt.

Oder Kraftvoll-sein im Sinne von Aggressivität: Körperliche Stärke ermöglicht es dem Aggressor, sein Gegenüber auf der materiellen Ebene zu zerstören. Innere, d.h. geistige und seelische Aggressivitätsstärke dagegen kann jemand anderes Geist, Gemüt und Seele attackieren, manipulieren und/oder zerstören.

Und warum die Anwendung zuletzt genannter „innerer“ Aggressivitätsstärke besonders heikel ist: Weil sowohl der menschliche Körper und alle anderen materiellen Dinge auf der Welt, als auch die unsichtbaren, geistigen Dinge und alles, was existiert, letztendlich aus geistiger Kraft kommen.

Deshalb ist die „innere“ (= seelische, bzw. geistig erlernte) Aggressivitätsstärke auch sehr viel mächtiger, gefährlicher und bedeutsamer als die „äußere“ Aggressivitätsstärke.

Wenn also das „Bösartige“, stammend aus „innerer“ Kraft und Robustheit, das Zartere und Empfindsame attackiert und manipuliert, ist es klar, wie die Welt dann wirklich aussehen würde: Der Grausame Geist versteckt sich unter einer wunderhübschen, zarten Bekleidung und Hülle (Erscheinung, Gebärde, Worte, Lächeln …), um die ahnungslosen, naiven und gutmütigen Seelen heimlich zu manipulieren, damit diese „für“ ihn funktionieren. Während die wirklich „empfindsamen“ und „zarten“ Wesen durch diese Art der „Durchsetzung von Lüge und Falschheit“ verwirrt werden. Letztlich rutschen sie dann in verzweifelte Wutausbrüche ab mit einem Resultat aus Gewalt und Kriminalität.

IV Frauen - Quelle der Bosheit?

Im Mittelalter vertrat man hierzulande die Meinung, dass Frauen die Quelle der Bosheit seien.
Bereits in der Bibel war zu lesen, dass die „Sünde“ durch die Frau = Eva ihren Einzug in die Menschheitsgeschichte nahm.

Ich, als Frau, wäre einer solchen Meinung eher mit Unmut begegnet - bis vor einiger Zeit.
Nun muss ich die Realität als Tragödie empfangen und schlussendlich einsehen, dass diese Meinung keineswegs falsch war.

Die verschiedenen Arten von „Geistig-Böse“, die auf den nächsten Seiten als „Viren“ bezeichnet werden, sind heutzutage eindeutig mehr bei Frauen als bei Männern zu finden.

Ein sehr hoher Prozentsatz der Frauen unserer Gegenwart ist mit ein bis mehreren geistigen Viren „stark“ besetzt und etwa genauso viele Männer sind gänzlich frei von jeglichem Virenbefall oder nur oberflächlich infiziert. Bedenklich ist aber die Tatsache, dass bei Männern mit zunehmenden Alter der Anteil der Infizierten deutlich steigt.

Und vor allem die „Verantwortlichen“ für die Verbreitung und das gewaltige Ausmaß des „Geistig-Bösen“ also

die „Virenproduzenten“ sind fast ausschließlich Frauen und „Wesen in Frauengestalt“.
Daraus resultierend ist der negative Einfluss, der von „Frauen“ ausgeht, sehr groß.

Bei genauerer und vorsichtiger Betrachtung wird nach und nach deutlich, dass die aller mächtigste geistige Macht, die bis in die heutige Zeit die ganze Welt und die Naturgesetze kontrolliert, lenkt und führt, „weiblich“ zu nennen ist und von der Anlage her als bösartig zu bezeichnen ist.

Aus der Wissenschaft: Ursprünglich soll die „menschliche Natur“ weiblich sein. Die menschlichen Embryonen sind zunächst allesamt weiblich angelegt. Erst in der späteren Entwicklung bremst ein bestimmter Stoff die weitere Verweiblichung und führt zur Entwicklung eines männlichen Individuums. Man bezeichnet ersteren Zustand, also das „Weibliche“, als die „Standardform“ der Natur und das Männliche, was ja „nachträglich“ entsteht, sozusagen als innovative Weiterentwicklung. Es gibt etliche Lebewesen, die nur als in weiblicher Form vorkommen, aber keine, die rein männlich sind.

So gesehen könnte man auch schlussfolgern, dass auch durch den „nachträglich“ erscheinenden „männlichen“ Geist eine „Chance“ besteht, die bisherigen elendigen Naturgesetze und die Weltgeschichte, welche aus eindeutig „weiblicher“ Geistesmacht entstanden bzw. dadurch geprägt sind, in eine „neue" Gestalt zu verwandeln.

Und hier muss man aufpassen, dass „geistige" Weiblichkeit und Männlichkeit nicht einfach oder ausschließlich auf konkrete Frauen und Männer als körperliche Wesen bezogen werden sollte.
Was an dieser Stelle wirklich beachtet werden muss, ist die geistige Ebene; in der geistigen Ebene existieren das „Weibliche" und das „Männliche" unabhängig von einem biologisch-körperlichen Frau- oder Mann-sein.

Es ist nicht so, dass Frauen, mit ihrem XX-Chromosom und ihrem organisch weiblich angelegten Körper allesamt bösartige geistige Eigenschaften (im folgenden als Viren bezeichnet) haben oder sie produzieren.

„Viren" (=das geistig Böse) selbst sind zwar unabhängig vom biologisch-körperlichen Frau- oder Mann-sein aber in der Realität sind sie viel mehr und zudem auch oftmals viel stärker bei Frauen zu finden.

Doch muss klar sein, dass körperliche Weiblichkeit nicht automatisch dazu führt, bösartige geistige Eigenschaften zu produzieren oder von ihnen besessen zu sein.
Es könnte also eher so erklärt werden, dass die ursprüngliche „weiblich-geistige Macht" - als Begriff nicht gleichzusetzen mit körperlich weiblichen Wesen - die von bösartiger Natur ist, sich bis jetzt eher durch Frauen ihren Weg bahnt.

V Bösartige Viren und dessen Eigenschaften

1. Hochmut-Virus:

Meistens mir mit Nr. 7 und Nr. 9 kombiniert, geht meist mit Wohlfahrt und Wohlergehen einher. Es hat oft Status, Erfolg, Reichtum oder Macht in der Gesellschaft und fühlt sich stets den anderen überlegen.Sieht auf ärmere Wesen (materiell, intellektuell oder seelisch) herab, neigt oft zu Heuchelei.

2. Geld-Virus:

Macht Lebewesen zahlenfixiert und profitorientiert. Sowohl Wohlhabende als als auch Ärmere können infiziert werden. Ihr Anliegen ist es möglichst wenig von sich aus zu geben (materielle sowie geistig/mentale Güter) und zugleich aber viel von anderen zu nehmen. Durch das Prinzip gelingt es dem Virusträger andere Menschen zu schwächen und sich selbst zu stärken,

sozusagen als verstecktes Macht- und Kontrollmanöver.

3. Dummheits-Virus:

Unempfindlichkeit und Dumpfheit, „Das Glück ist mit den Dummen“.

Eine Welt ohne höhere Logik, Gewissen und Einsicht. Es „lernt“ aus nichts, lässt sich ohne Zögern und Hinterfragen in jede beliebige Richtung steuern.

4. Kälte-Virus:
Sehr wenig Gefühl; empfindet kaum Freude und kaum Schmerzen - schwer verwundbar. Deshalb hat es auch keinerlei Scheu vor Grausamkeiten und Schandtaten.

5. Ego-Virus:
Wie ein dreijähriges Kind: „Ich, ich, ich! Ich will das! Unbedingt!“ Es hat eine sehr starke energetische Ausstrahlung, mit der es, indem es diese wie eine Waffe einsetzt, die Umwelt bedroht.

6. Hekate-Virus:
„Zauberin“; kommt ausschließlich bei Frauen vor; sie ist in der Lage die Ordnung des Kosmos beliebig zu verändern; verführt und manipuliert Männerseelen mit ihrer Erscheinung und Gestik.

7. Selbstverliebtheits-Virus:
Es dreht sich immer nur um sich selbst: „Ich bin so schön und/oder wertvoll, alles andere ist mir eigentlich egal.“ Fatale Selbstüberbewertung, mit der es der Welt nach Belieben schwarz als weiß verkauft und umgekehrt = Illusionisten.

8. Skorpion-Virus:
Detektiv-Virus. Sehr scharfsinnig, durchschaut und beleuchtet jeden Schwachpunkt des Menschen und greift sie damit an. Dadurch stärkt es sein eigenes Wertgefühl gegenüber anderen um schließlich mächtiger als sie zu sein.

9. Schütze-Virus:
Unverschämter Optimismus. Hat gelernt, sowohl die traurige und elendige Seite der Welt als auch die eigenen Laster gewaltsam zu ignorieren = Illusionisten. Sein Ziel ist es ohne schlechtes Gewissen Erfolg bzw. Wohlfahrt durch Bosheit zu genießen.

10. Fische-Virus:
Hochgradig sensitiv und spürt stets, „wer wo was" denkt. Somit kann es andere Menschen üblerweise ausspionieren.
Es wird erst in Kombination mit einem oder mehreren anderen Viren zur ernsthaften Gefahr.

11. Loki-Virus:
Auch Böswilligkeits-Virus genannt, es hat große Freude daran, liebe, gutmütige Wesen ins Unglück zu stürzen. Es lauert gutartigen Wesen solange auf, bis sich ihnen die Gelegenheit bietet, sich in die Falle zu locken, eines nach dem anderen.

12. Göttin-Virus:
Ursprung aller Viren. An bisheriger Naturgesetze- und Geschichtsentwicklung hauptverantwortlich beteiligt. Lenkt das Schicksal und nährt die „weiblich-geistige“ Ausrichtung der Menschheit. Verführt und manipuliert Männerseelen mit ihrer „Weiblichkeit“.

13. Trug-Version:
Einer der oben genannten Virus-Träger tarnt sich als ein „vom Kern her reines und unversehrtes Wesen“, mit dieser Strategie betrügt er seine Umwelt.

Die größte Gemeinsamkeit aller Viren ist eine „Machtsucht“, die aus der eigenen selbstsüchtigen „Gier“ entsteht und ihr gemeinsames Zeil ist es, „die postivste Atmosphäre“ zu stören bzw. zu zerstören, damit diese nicht über den Kosmos herrschen kann.

Das Böse im Sinne von z. B. unsinnigen oder Schaden bringenden Gedanken, hervorkommend aus Kleingeistigkeit oder Kraftlosigkeit, stellt noch kein schwerwiegendes Problem dar.

Was aber nicht zugelassen werden darf, ist, dass „das Böse“ über „das Gute“ herrscht und vor allem auf dem höchsten Thron der geistigen Welt Platz nimmt. Doch genau das zeigt sich bis in die gegenwärtige Realität: „Himmlische Macht in unbefugten Händen“.
Das „Böse“ muss endlich seinem Platz verwiesen werden.

VI Der Mechanismus des Bösen

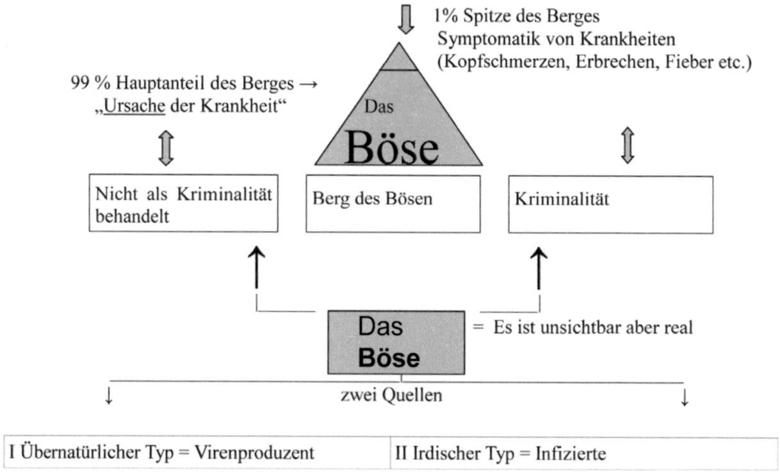

I Übernatürlicher Typ
= Virenproduzent

Es gibt zwei Arten von Virenproduzenten:

1. Geistige Wesen in Menschengestalt (bzw. in der eines fleischgewordenen Wesens)

2. Geistige Wesen, die unsichtbar bleiben; ohne jegliche körperliche Gestalt

Charaktereigenschaften von Virenproduzenten:
a.) Die Spezies mit sogenannten übernatürlichen Fähigkeiten

1.) Sie sind imstande, die Gedanken anderer Menschen bis ins letzte Detail zu lesen, ihnen folgen und sie sogar manipulieren zu können.

2.) Sie können durch Wände und über weite Entfernung die Atmosphäre und Gedanken anderer Menschen usw. wahrnehmen.

3.) Sie besitzen die Fähigkeit, sich in verschiedene Gestalten zu verwandeln, wobei sie u.a. auch ihr Geburtsdatum usw. verändern.
4.) Sie können verschiedene materiellen Dinge „verzaubern", d. h. sie durch ihre Vorstellungen beeinflussen. Vorsicht: Nicht jeder, der „übernatürliche" Fähigkeiten hat, ist automatisch ein Virenproduzent. Aber jeder Virenproduzent besitzt sie.

b.) Jene, die immer nur daran denken, ihre Viren möglichst schnell und flächendeckend zu verbreiten.
Ihr Hauptanliegen ist es, die größtmögliche Macht über die Welt zu erlangen.

c.) Sie sind sehr, sehr arglistig und scharfsinnig zugleich.

d.) Ihnen geht es immer gut - Das Wohlbefinden in „personifizierter" Virenform:

Selten krank, selten Probleme.

e.) Diese werden selten berühmt oder bekannt, da sie heimlich und im Stillen arbeiten.

f.) Sie können zu jeder Zeit genauestens erfühlen, wer oder was einen „positiven Geist" in sich trägt. Und weil solch ein guter Geist für sie gefährlich werden kann, sind sie ständig bestrebt, ihn mit ihrer ganzen Kraft und Strategie zu bekämpfen und zu zerstören.

II Irdischer Typ
= Infizierte

Menschen (-Seelen) werden von Virenproduzenten mit verschiedenen Viren infiziert und agieren dann als Instrumentalisierte ihrer heimlichen „Gebieter".

Es gibt zwei Arten von Infizierten:

1. Nur oberflächlich infiziert: Es besteht die Chance, von Viren befreit zu werden.

2. Bis in den Kern (bzw. „vollständig") infiziert: Es gibt (vorerst) keine Chance zur Heilung, doch es bleibt zu hoffen, dass in allerletzter Instanz, wenn die Macht der Virenproduzenten (also der Kern der bösen Macht) gänzlich zerstört werden sollte, diese Typen von Infizierten

nach angemessenen Läuterungsprozess ihren verlorenen Seelenkern wiedererlangen.

Sogenannte Straftäter zählen meist zum „Irdischen Typ".

„II Irdischer Typ 2" ist sehr schwer vom „I Übernatürlichen Typ 1" zu unterscheiden, denn sie leisten beide in etwa die gleiche Arbeit.

VII Untersuchung des Bösen unter atmosphärischer Betrachtung

1. Oft ist ein Mensch mit mehreren Viren infiziert.
Auch kommt es vor, dass mehrere Virenproduzenten untereinander paktieren und kollaborieren.

2. Besonders schwer zu bekämpfen ist es, wenn verschiedene Arten von Viren gleichzeitig auftreten.

3. Häuser, Gebäude und Straßen, die über eine längere Zeit oder immer wieder von Virus-Trägern besucht worden sind/werden, sind atmosphärisch oft so dermaßen „verseucht", dass es sehr leicht möglich ist, von dort „ansässigen" Viren infiziert zu werden, und zwar alleine davon, dass man sich an einen solchen Ort begibt.

4. Nach meinen langjährigen Untersuchungen hat sich herauskristallisiert:
Es gibt zwei Arten von Unglück.

Die eine ist diejenige, welche dazu dient, dass eine Menschenseele etwas daraus lernen, daran wachsen und sich entwickeln kann, um bessere Einsichten und Verstand zu erlangen.

Die andere ist jene Art von Unglück, die genau das Gegenteil davon bewirkt:

Sie lässt die Menschenseele verkümmern und ist in der Lage, sie vollends zu zerstören.
Diese Art von Unglück kommt immer und ausschließlich durch „Böse Macht“.

Es gibt kein Ereignis, das „einfach nur so“ stattfindet. Böse Ereignisse sind eben nur die Folge „bösartiger“ Energien.

Vergleiche: Ein Japanisches Sprichwort -
„Wenn der Wind weht, bekommt der Holzbeckenhändler viel Geld“.

Es bedeutet, dass ein „unscheinbares Ereignis“ viele weitere,
vom Anschein her damit nicht in Verbindung stehende Ereignisse hervorruft.

Auch besitzt ein „unscheinbares Ereignis“ indirekt die Kraft, etwas völlig Unerwartetes zu bewirken.

Wenn jemand zum Beispiel „eine stark ausgeprägte, selbstverliebte Natur“ hat, verursacht diese auf den ersten Blick „einfache“ Tatsache automatisch allerlei Katastrophen auf der Welt.

Sie kann Krankheiten erschaffen, zu denen auch unterschiedlichste Formen von Kriminalität zählen, Naturkatastrophen auslösen und sogar größer dimensionierte

Wirtschaftskrisen, um nur einige aktuelle Beispiele zu nennen.

Für den Einzelnen können sich Katastrophen in Form von Ehekrisen, Depressionen, Pechsträhnen und vielem mehr zeigen.
Denn jedes Denken, Fühlen und jeder geistige, mentale und und seelische Zustand eines einzelnen Menschen hat viel größere Bedeutung als wir uns vorstellen. Alles ist miteinander in unglaublicher Weise eng verbunden, weshalb wir das „Alltägliche" nicht als Kleinigkeit betrachten dürfen.
Die „Böse Macht" bringt die Ordnung und das Gleichgewicht der geistigen Welt durcheinander.

Deshalb darf auch kein einziger noch so unscheinbarer „Selbstverliebtheits-Virus" von uns toleriert werden. Übrigens: Ein Selbstverliebtheits-Virus ist nicht das Gleiche wie eine vorübergehende Phase von Selbstverliebtheit. Der Unterschied ist genauso wie der einer Erkältung und einer durch Viren verursachten tödlichen Grippe. Von „geistigen Viren" wird gesprochen, wenn eine negative Atmosphäre übermäßig starke Energie besitzt mit der es über den ganzen Kosmos herrschen kann. Sie sind zu vergleichen mit biologischen Viren, welche die Potenz haben die ganze Menschheit zu vernichten und daher sehr ernst zu nehmen und zu bekämpfen sind.

5. In Sachen „Strafverhärtung für Kriminelle“ können ironischerweise ausgerechnet die Menschen, die für härtere Strafen plädieren, oftmals den Kälte-Virus, Selbstverliebtheits-Virus und Dummheits-Virus in sich tragen. Natürlich könnten auch die Kriminellen selbst mit solcherlei Viren infiziert sein. Doch Vorsicht, sich selbst einfach als „gut“ zu sehen und die als kriminell geführten als „böse“ abzustempeln. Diese Tendenz, dass immer mehr Menschen härtere Strafen fordern, unterstreicht also keinesfalls, dass die Gesellschaft „Gerechtigkeitsliebender“ geworden ist. Denn wie im vorigem Kapitel schon erwähnt, ist die Kriminalität nur ein kleiner Teil der Spitze von der ganzen „Bösartigkeit“ der Umwelt. Und der Schweregrad der Straftaten ist nicht abhängig von dem der „Vireninfektion“. Denn nicht selten gibt es Fälle, in denen gar nicht oder nur oberflächlich infizierte Menschen schwere Straftaten begehen. Und es kommt vor, dass „hochangesehene“ oder „als normal angesehene“ Menschen bis in den Kern ihrer Seele mit Viren infiziert sind. Straftäter sind oft Opfer solcher angeblich „normalen“ Menschen, die, genau wie die Viren-Produzenten selbst, mit ihren Viren etliche empfindsame oder instabile Menschen mal direkt und mal indirekt in Verwirrung oder Verzweiflung bringen. Infolgedessen lassen sie diese Straftaten begehen oder benutzen selbige als ihre kriminellen Werkzeuge, um dadurch ihren Willen durchzusetzen, ohne dass sie sich jemals vor einem Gericht verantworten müssen.

Das härteste gesetzmäßige Strafmaß ist die Todesstrafe, die noch in vielen Ländern durchgeführt wird. Dessen Problematik besteht in einem Punkt also darin, dass die Menschen, die nun als „Schwerstverbrecher“ verurteilt wurden, vielleicht gar nicht das „ultimativ Böse“ sein können. Der zweite Punkt ist, dass das „Böse“ mit dem körperlichen Dasein eines Menschen eigentlich nichts zu tun hat, weil das „Böse“ ein rein geistiges Phänomen ist.

Menschen bestehen aus einer äußeren Hülle und ihrem Inneren.
Diese Gehäuse sind ihre Körper und erst einmal alle gleich wert.
Auch wenn bestimmte körperliche Botenstoffe oder Störungen bestimmter körperlicher Funktionen kriminelle Energie begünstigen, sind die Körper an sich weder bösartig noch gutartig.
Problematisch ist das Innere: Es beinhaltet Dinge wie Seele, Geist und Gemüt.

Wie im Kapitel VI bereits erwähnt wurde, haben Menschen-Seelen keinen aktiven, subjektiven Einfluss auf das „Böse“, es ist tatsächlich genau umgekehrt:
Die „Böse Macht“ dringt in die ursprünglich eher „neutralen“ oder aber „leeren“ Menschen-Seelen hinein und verursacht durch diese böses Handeln.

So gesehen sind die Menschen, die Straftaten begehen oder von bösen Viren infiziert wurden, in erster Linie

„bedauernswerte“ und „erbärmliche“ Menschen. Niemals vergeben werden kann aber dem „Bösen“ selbst und seinen Viren-Produzenten. Denn genau sie „produzieren“ nämlich „Straftäter“ und auch Menschen, die bis in ihren Seelenkern durch einzelne oder mehrere Viren verseucht sind. Sie kämpfen dann gemeinsam mit Virenproduzenten vehement und mit aller Kraft gegen die „positivste Atmosphäre“ an, gerade wenn diese ihnen sehr mächtig gegenübertritt.

Sie wollen um jeden Preis verhindern, dass die „positivste Atmosphäre“ über sie herrscht. Sie versuchen dies mitunter durch solch perfekte Tarnung, dass man oft auf den ersten Blick etwas wie Harmlosigkeit, Gutmütigkeit oder Freundlichkeit vermuten könnte. Und sie verpesten, genau wie die Viren-Produzenten selbst, die gesamte Umwelt, ohne dass sie in der Öffentlichkeit als „böse“ bezeichnet werden. Und dies obwohl sie nun nichts anderes als Gift für die Welt sind. Das Bedenkliche dabei ist, dass genau dieses „ultimativ Böse“ eben eher selten als „schwerstes Verbrechen“ verurteilt wird.

Was man für das Gesunden der Menschheit tun kann ist dies:
Lernen, die Macht von Virenträgern zu erkennen, ihre Absichten zu durchschauen, sie in ihrem Wirken zu stören und bestenfalls vollständig zu entmachten.
Somit können sie ihre negative Atmosphäre nicht länger aufrecht erhalten bzw. diese gar nicht erst behaupten.

Auf diesem Weg werden sie dann verschwinden, ganz von alleine, auch wenn es wunderlich klingt.

Dieser ganze Prozess geschieht mit der „Durchsetzung der positivsten Atmosphäre in der Umwelt“, durch welche in der (geistigen) Welt „natürlicher Strafvollzug“ stattfindet. Das bedeutet, jeder erlebt, sowohl seelisch als auch physisch, was angemessen ist.

Der aktive Versuch einen Körper der „bösartigen“ Wesen auf der physischen Ebene zu zerstören, hat aus Sicht der Bekämpfung des Bösen und dem allgemeinen Ziel der „Umweltverbesserung“ keinen wirklichen Sinn.

6. Ein großes Problem auf der Welt ist: 1. Fehlendes oder mangelndes Bewusstsein über die Existenz des „Bösen“, 2. Die falsche Toleranz gegenüber dem „Bösen“ = verdorbene Kompromisse mit dem „Bösen“. Es gibt viele Fallstricke, in die gutmütige Menschen hinein tappen können. Zum Beispiel: „Alles und jeden lieben“, „Vergeben“ - als die höchste Tugend, „nicht auf das „Böse“ schauen, sondern stets an das Gute im Menschen und in der Welt glauben“ usw.

Aber das tatsächlich Wichtigste für die Menschheit ist, dass sie sich vom Standpunkt der „positivsten Atmosphäre“ aus, stets vor Augen führt, was gut und was böse ist und sie:

1.) eine natürliche, gefühlsmäßige Abneigung gegenüber allem „Bösen" entwickelt, selbst den gängigen und eingespielten Dingen, wie Betrug, Schikane, Missgunst etc.

2.) dem Gefühl von „Hass" und einer deutlichen „Aggressivität" einen wichtigen Stellenwert einräumt, um dadurch eine eindeutige Kampfbereitschaft zu entwickeln, was sie gegenüber dem „Bösen" zu einem ernstzunehmenden Gegner macht.

3.) durch Scharfsinn und Arglist mit, je nach Situation, heimlich oder offen gezieltem Angriff durchsetzungsfähig wird.

Denn alle diese drei Punkte werden von „der bösen Macht" erfolgreich gegen das Gute eingesetzt.

Ethik-Probleme wie „darf man ein Embryo töten?" oder „darf man im Koma liegende Menschen sterben lassen, indem man ihre künstliche Versorgung abbricht?" oder „darf man menschengroße Tiere züchten und sie dann töten, um ihre Organe für kranke Menschen bereitzustellen?" usw. lösen sich von alleine, wenn die Welt zuallererst von der Macht der gesamten bösartigen geistigen Viren befreit ist. Denn es werden dann „ganz andere Naturgesetze" entstehen. Es ist sinnvoller, die Elendigkeit der Realität von Grund auf umzugestalten.

VIII Der Einfluss des Bösen

Bis in die Gegenwart sind fast alle Bereiche des Lebens von der Macht des Bösen „kontrolliert“ worden, auch die Religionen. Manche Glaubens- und Religionsausrichtungen bleiben bis heute resigniert oder streiten vollständig ab, dass sich das Böse ausbreitet. Sie fordern die Menschen auf, das Leben so anzunehmen, wie es ist. Es gibt auch Lehren, die empfehlen, das Böse einfach zu ignorieren und sich ausschließlich an den schönen Dingen der Welt zu orientieren und sich an ihnen zu erfreuen.

Auch offensichtlich ist, dass selbst die Bibel, die sich von allen wohl am stärksten und schärfsten gegen die „Macht des Bösen“ ausspricht, von eben dieser kontrolliert und gelenkt wird.

Der „Gott“ der Bibel nimmt bis dato in unserem realen Leben definitiv nicht die Rolle des „Allmächtigen“ ein, wenn er doch das „absolut Gute“ sein soll. Denn entweder ist er allmächtig und bösartig, oder er ist „absolut gut“ und nicht allmächtig. Also sollte es nicht eher heißen: „Er möchte Allmächtigkeit erreichen“ oder: „Er ist auf dem Weg, allmächtig zu werden“?

Denn Gott, der Allmacht und das absolut Gute verkörpert und auch Jesus selbst müssten bitterlich weinen, wenn sie die bisherige Realität betrachteten. Ihnen würde indes gewahr werden, dass sie in ihrem positiven Einfluss für die Vermeidung und Bekämpfung des Bösen definitiv nicht „scharf“ genug gewesen sind:

Es ist die List der „Bösen Macht“, in der Bibel meist „Teufel“ genannt, den Gott als „allmächtig“ und „Schöpfer aller Dinge“ bezeichnen zu lassen, damit man in der Folge alles Leben und alle angeblich „natürlichen“ Ereignisse, sowohl positiv als auch negativ belegte, zwangsläufig unter „Gottes Willen“ verbuchen muss.

Wer dem Gott aus dieser Bibel vertraut hat, musste von jeher unweigerlich „brav“ und „untertänig“ jedes ihm auferlegte Schicksal hinnehmen. Es ist in Wahrheit reinster Quatsch, jedes Unglück und Unheil das „frommen“ Menschen passiert, als „Wille des Lieben Gottes“ zu sehen. (Unglücksmechanismen wurden bereits im vorherigen Kapitel näher beschrieben.)
Denn es ist doch definitiv kein „Gotteswille“, dass so viele Menschenseelen zerstört werden oder verkümmern, wenn dieser Gott doch das „ultimativ Gute“ sein soll.
Dieser Punkt der Unzulänglichkeit der Bibel könnte ein Grund dafür sein, dass es Menschen gibt, welche die gesamte Lehre der Bibel belächeln oder verwerfen, ohne ihre schätzungswürdigen Seiten zu beachten.

Andererseits wird die Bibel oft auf eigennützige Art und Weise ausgelegt. Es scheint so, dass die „Liebe“ und „Vergebung“, die von Jesus ausgeht, regelrecht dazu missbraucht wird, dass das Böse ungehindert existieren kann, weil ja „sowieso alles vergeben wird".

Egal wie man Jesus betrachtet, als übermenschliches göttliches Wesen oder als einen Mann, der einmal existiert hat, war er zweifellos jemand, der auf das „Allerschärfste" gegen das Böse vorgegangen ist.
Seine Schelte gegen sogenannte „Heuchler", die in jener Zeit „hochangesehen" waren (=Schriftgelehrte), fiel überaus hart aus. Dazu steht geschrieben:
„Schlangen! Otternbrut! Wie solltet ihr dem Gericht der Hölle entfliehen?" (Matthäus 23:33)

Oder auch gegenüber „den bösen Menschen, welche die Unschuldigen und Einfältigen zu bösen Taten verführen" - in Kapitel VI bezeichnet als Viren-Produzenten und Infizierte Typ 2:
„Es wäre ihm nützlicher, wenn ein Mühlstein um seinen Hals gelegt und er ins tiefste Meer geworfen würde, als dass er einen dieser Kleinen ärgere!" (Lukas 17:2)

In solchen drastischen Formulierungen erkennt man seine „Wut" gegenüber dem Bösen.
Für ihn war das Böse so „verheerend schlimm", dass er mit heftigen Gefühlsausbrüchen reagierte.

Daraus kann man erkennen, wie sehr es ihn geschmerzt haben muss, dass das Böse überhaupt existiert.
Erst wenn man begreift, wie „ernst" Jesus dem Bösen ge-

genüberstand, kann man erkennen, welch eine Last es für ihn gewesen sein muss, etwas solch Fürchterlichem durch seine Sühne tatsächlich vergeben zu können.

Wenn man aber die Realität unserer Gesellschaft betrachtet, scheint es so, dass seine „Ernsthaftigkeit“ in dieser Sache gar nicht genügend nachempfunden wird.

Diese Empfindung des „Ernsten“ kann sich in der gegenwärtigen Zeit offenbar kaum etablieren.

Der Grund dafür ist,
1.) dass uns sehr viele Dinge und Informationen überfluten und man es schwer hat, in jeder Angelegenheit „dementsprechend“ emotional zu reagieren.
Man hat oft vor dem Handeln weder die Zeit noch Energie, in Ruhe zu beobachten und nachzudenken - und zu beurteilen, was „wirklich wichtig“ ist, was eher „weniger wichtig“ ist und was am Ende „tatsächlich unwichtig“ ist.

2.) dass viele Menschen sehr wohlhabend sind und ein zu bequemes Leben führen.
Bequemlichkeit dämpft negativerweise die Empfindungen.Man stelle sich zum Beispiel vor: Nach langer, großer Hungersnot erscheint ein einfaches, bescheidenes Brot allein wahnsinnig wertvoll, und man reagiert mit Freude und Dankbarkeit.
Wenn man sich dagegen stets überall und je nach Lau-

ne satt essen kann, gewöhnt man sich schnell an diesen Umstand und taucht beim Essen in kein „besonderes“ Gefühl mehr ein.
Viele Menschen heutzutage leben in Wohlstand, haben eine Vielzahl an Möglichkeiten und glauben dabei, dass sie es „genießen“ und „frei“ sind, doch das stimmt nicht. Sie werden von dieser Flut an Möglichkeiten, in der sie die große „Freiheit“ vermuten, ständig nur abgelenkt und am Ende sogar „kontrolliert“.

3.) Resignation gegenüber dem Bösen sowie Unheilsereignissen ganz allgemein: Weil viele Menschen auf die überwältigend traurige Realität weder emotional adäquat reagieren noch diese im nötigen Maße verarbeiten können oder wollen bzw. einfach „verdrängen“ und „vergessen“, entsteht der verzweifelte Glaube, man könne an ebendieser Realität nichts ändern.

Dieser Zustand ist eine schwerer Form von „Empfindungs-Ohnmächtigkeit“. Doch selbiger ist der „Bösen Macht“ ein willkommener Zustand, da sie in diesem mit Leichtigkeit ihr Wirken einzusetzen und ihre Macht zu verbreiten vermag.

IX Der Optimismus des Bösen

Zu den äußerst niederen Einstellungen der Dinge zählt ein „falscher Optimismus", der auf Illusionen beruht. Nichts ist geschmackloser als „endlos und bedingungslos positives Denken", mit dem man alles und sich selbst aufs Maßloseste beschönigen kann und die „Gewalt der „Glaubenskraft" (im Sinne von: „Der Glaube kann Berge versetzen") regelrecht missbraucht.

Man vertuscht die eigenen Makel und innere Gräuel und versucht durch den gewaltigen Krach des freudigen Lachens und gespielte Kindlichkeit, mit der man sich unschuldig gibt, alle erdenklichen Probleme der Welt zu ignorieren.

Man will sich einfach vor der eigenen Bosheit verstecken,
sich das Gute zuschreiben und damit dann auch noch Macht erreichen, um alles zu bekommen, was man will. Und dann: den ganzen Erfolg ohne schlechtes Gewissen genießen! Sonne her! Licht her! Das Leben ist so schön!!!

Es gab schon zu viele Lebewesen auf unserer Welt, die aus diesen Gründen Unrecht erleiden mussten.

Wenn jemand in relativen Wohlstand hineingeboren wurde und/oder einen reichen Segen an körperlicher Gesundheit und/oder intellektuellen Fähigkeiten mitbekommen hat und somit „Erfolg“ und „Reichtum“ erlangt, ist dieses Glück niemals der eigene Verdienst.

Es ist mitnichten so dass jemand Glück hat, weil er wertvoller ist als die anderen.
Die „Macht des Bösen“ schenkt Menschen oft ein solches Glück als „Strategie“.

Es gibt so viele Menschen, die wahnsinnig hart arbeiten und doch nie genug dafür belohnt werden oder andere Lebewesen, deren Wert und Wirken zu Lebzeiten nicht ernsthaft von Menschen geachtet und anerkannt werden und die stattdessen stets Qual und Elend leiden müssen.
Da fragt man sich doch: „Woher kommt diese Ungerechtigkeit?“

Natürlich ist sie Ergebnis der grauenhaften Atmosphäre, ausgehend von den Menschen, die ihr Leben der Illusion verschrieben haben.
Denn alles Böse kommt direkt aus dem Wirken von Illusion.

Machen wir uns nichts vor:
Wenn jemand z.B. versucht, seine Bosheit zu vertuschen, entsteht eine Atmosphäre, die am anderen Ende der Welt eine Katastrophe auslöst.

Jede noch so kleine Illusion ist wahres Gift für die Umwelt.

Wer kann denn allen Ernstes fröhlich und stolz durchs Leben gehen, wenn er Grausamkeit und Elend mitansieht, nichts Heilbringendes bewirken kann, geschweige denn auch noch ein direkter Verursacher dieser Katastrophen ist.

X Die Bösartigkeit des „Selbst-Bewusstseins“

Jesus soll einmal gesagt haben: „...lass deine rechte Hand nicht wissen, was deine linke Hand tut“.
Dem voran ging der Ausspruch: „Wenn du Almosen gibst, denn tu es nicht wie die Heuchler, die ihre Güte vor sich herposaunen. Sondern...

Man kann dies durchaus als einen symbolischen Ausdruck für jegliches Handeln sehen, welcher erklärt, dass ein allzu starkes Selbst-Bewusstsein (im Sinne von „sich zu wichtig nehmen“) unheilvoll ist.

Die Erklärung dafür ist, dass die Atmosphäre, die aus einem übersteigerten Selbst-Bewusstsein erwächst, immer auch eine bösartige ist, was in der Folge für die Welt alle möglichen negativen Ereignisse nach sich zieht.

Stolz sein darf man; das eigene Ego bewahren - ebenso. Sich selbst lieben, in normalem Maße - ist nur gesund.

Aber wenn solcherart Eigenschaften aus einem übertrieben starken Selbst-Bewusstsein kommen, sind sie immer bösartig.

Hier zählt allein das Differenzieren der „Atmosphäre“, um zu erkennen, wo ein ungesundes, d.h. Schaden bringendes Maß beginnt.
Sie mit Worten erklären zu wollen, ist unmöglich.

Die eigentliche Gestalt des Bösen ist „Ich-Zentriertheit“.
Diese formt sich aus einem übertrieben starken Selbst-Bewusstsein.

Egal was man tut, ein freundliches Lächeln aufsetzen, anderen Menschen „helfen“, viel und fleißig arbeiten, sich engagieren „für“ die Gesellschaft, das „eigene“ Hab und Gut spenden, sogar das eigene Leben „für“ Andere opfern, kann letztendlich umweltschädlich sein - eben dann, wenn sie aus einer Ich-Zentriertheit kommt.

Denn so tut man letztendlich alles nur um des eigenen Vorteils wegen. Dieser Ansatz bringt jedoch eben nichts anders als die negative Energie = bösartige Atmosphäre, weil diese letztendlich aus Illusionen besteht.

Man muss die Wahrheit erkennen:
<u>Man lebt nicht für sich selbst, sondern für die gesamte Welt.</u>
<u>Die Welt ist nicht für uns da, sondern wir sind da für die Welt.</u>
Kein Mensch ist jemals auf der Erde mit eigenem Willen aufgetaucht. Das besagt schon, dass sein Leben, seine Existenz, seine Seele nicht „sein Eigen“ ist, sondern als „Pflicht“ und „Verantwortung“ zu sehen ist. Man lebt nicht weil es Spaß bereitet zu leben, sondern man <u>muss</u> leben, um die Umwelt ein Stück schöner und besser zu gestalten.

Auch körperlich krank und sogar gelähmt kann man „für" die Welt leben, denn was wichtig ist, ist zuletzt die „Atmosphäre", die man verbreitet, frei von jeglichen bösartigen geistigen Viren.

Das ist die Atmosphäre, die nicht Ich-zentriert ist. Das ist der Boden, der alle möglichen wahrhaftig guten Ideen und Ereignisse hervorbringt. Genau wie aus unverschmutzten, gesunden Erdboden auch unverschmutzte, gesunde Pflanzen hervorkommen und gedeihen.

Das ist die Art von Atmosphäre, die die Weltgeschichte in die richtige, positive Zukunft lenkt.

XI Das Wort „Gott“ und die Eitelkeit der Worte

Das Wort „Gott“ klingt für den modernen Menschen meist „märchenhaft“ und „unrealistisch“.
Das kommt daher, dass man sich in Zusammenhang mit diesem Wort von jeher eine bestimmte Gestalt vorstellt: Ein Bildnis, das wie ein alter Mann aussieht, mit langem weißen Bart oder auch mal ohne, und welches lange weiße Gewänder trägt, über den Wolken schwebt oder irgendwo im großen Himmelszelt sitzt und von dort aus auf die Welt herabschaut. Auch wenn z. B. die Bibel behauptet: „Du sollst dir kein Bildnis von Gott machen“.

Außerdem denkt jeder einzelne, ob er nun „an Gott glaubt“ oder „nicht“, bei dem Wort an ganz Verschiedenes. Das Wort „Gott“ ist so vage wie ein Eigenschaftswort.
Zum Beispiel: Etwas „Lustiges“ oder etwas „Schönes“ oder auch „Angenehmes“. Da denkt doch wirklich jeder an etwas völlig anderes. Der eine findet „Faulenzen“ lustig, der andere „Aktiv sein“.
Es gibt Menschen, die Ruhe als angenehm empfinden und solche, die eine geräuschvolle, belebte Umgebung der Ruhe vorziehen.

Auch bei dem Wort „Gott“ kann sich jeder etwas anderes vorstellen. Deshalb kann man dem Wort „Gott“ auch weder eine bestimmte und endgültige Gestalt noch eine genaue Definition zuweisen.

In der Bibel wird Gott oft bezeichnet als „das Gute“ und „die Liebe“, schon wieder die Art Worte, die jeder auf seine eigene Weise interpretiert.

Genauso das Wort „Christus“: Wenn die Menschheit an Gott glaubt oder an Christus, dann ist es möglich, dass sich jeder für sich selbst eine Gestalt vorstellt, die einem am Nützlichsten und Günstigsten erscheint.

Worte sind von jeher eitel: Man kann „Ich liebe Dich“ sagen, ohne dass man Liebe in sich hat.
Man kann sogar Falschheit und Betrug „Liebe“ nennen.
Worte sind nur „Schein“.

Übrigens genauso sind Taten: Man kann gegen jemanden Hass und Verachtung hegen und demjenigen trotzdem schöne Geschenke machen.

Man kann durch „Lächeln“ und freundliche Behandlung Menschen betrügen.

Was zählt sind weder Worte noch Taten. Was zählt, ist unsichtbar.

Was niemals trügt, ist die „Atmosphäre“, die sich hinter jedem Wort und jeder Tat verbirgt.
Sie ist das einzig reale Ding, das immer und überall auf der Welt authentisch ist.

So ist ein Lebewesen, ein Ereignis, ein Geschehen oder auch ein Gegenstand nur über die durch ihn wirkende Atmosphäre zu beurteilen.

Dadurch wird klar, dass der Wert eines Menschen nicht davon abhängig ist was er sagt oder tut, sondern eben von dem, was er „ist".

XII Der Begriff „Atmosphäre“

Was ich hier als „Atmosphäre“ bezeichne, findet man in zahlreichen anderen Werken unter den Begriffen „Aura“, „Ausstrahlung“, „Chi“ (chinesisch) oder „Ki“ (japanisch), „Schwingungen“ oder auch einfach „Energie“, die in ihrer Bedeutung nahezu identisch sind.

Es ist das Geheimnisvolle, Mystische, das man mit der heutigen, sogenannten „wissenschaftlichen“ Sichtweise nicht genau erklären kann.

Es ist (für die meisten Menschen) unsichtbar aber es existiert.

Ich habe herausgefunden, dass man, wenn man die Existenz dieser Substanz - ich nenne sie „Atmosphäre“ - ignoriert oder ablehnt, nie zur Erkenntnis von Geheimnissen über geistige Phänomene und somit über die Beschaffenheit unseres Geistes und der geistigen Welt gelangen kann.

Insofern ist es wieder eine List der „Bösen Macht“, dass sich die heutige „Wissenschaft“, die auf Sichtbarkeit und Nachweisbarkeit beruht, nur aus dem einen, beschränkten Gehirnzustand ableitet, den wir „Vernunft“ nennen.

Dieser Ansatz hat sich in unseren Tagen als die „normale“ und „gängige“ Sicht- und Denkweise durchgesetzt.

Das Ergebnis ist, dass das Phänomen von Gut und Böse auf diese Weise einfach weit verdrängt wird, weil sowohl Gut als auch Böse in der wirklichen Form weder sichtbar noch genau nachweisbar sind.

Ich habe herausgefunden, dass das tiefste Geheimnis des Kosmos, nach dem die Physik und alle anderen Richtungen der Wissenschaft ständig suchen, nicht das ist, was man mit Zahlen „belegen“ und mit Worten „beschreiben“ kann, sondern das, was man nur zu „spüren“ vermag.

So ist auch das Allerwichtigste, was zählt, nicht Sichtbares, d.h. Materielles, sondern ein geistiges Phänomen, das ich „Atmosphäre“ nenne.

Jedes der Viren, die ich hier beschrieben habe, ist auch als Atmosphäre zu begreifen.

Es gibt schier unendlich viele Formen und Arten von Atmosphäre.
Und ich sehe es als unsere Aufgabe, diese zu erkennen, zu erfassen, sich ihrer bewusst zu werden, sie in ihrer Qualität zu unterscheiden und zu beurteilen.

XIII Bibel und Evolutionslehre

Seit der Neuzeit hat die Menschheit angefangen, die Natur mehr und mehr aus dem Augenwinkel der „Naturwissenschaften“ zu betrachten.
Und sie hat verschiedene „Naturgesetze“ entdeckt, die über die Gegenwart herrschen.

Da hieß es dann plötzlich, dass das, was in der Bibel steht, nämlich dass Gott den Mann und die Frau als fertige Geschöpfe hervorgebracht hat, der Evolutionslehre widerspräche.
So wie andersrum auch die Rotation der Erde um die Sonne und der Urknall der Sichtweise der Bibel widersprechen. Das Problem ist, dass man die Bibel mit dem selben Gehirnzustand zu begreifen versucht, mit dem man Naturwissenschaften betreibt. Das muss natürlich schiefgehen.
Die Bibel ist in uralten Zeiten entstanden, und es gab auch reichlich andere verschiedene Schriften, die von der Beschaffenheit der Welt und des Kosmos handeln: die Mythen usw.
Solche Dinge wurden stets symbolisch dargestellt, so wie Jesus selbst auch fast immer über Symbole und Gleichnisse versucht hat, die Geheimnisse der Wahrheit zu erklären.
Bibel, Mythen usw. sind geistige „Schätze“ der Menschheit, die eine enorme Ausbeute an Geheimnissen der Welt in sich versammeln und verbergen.

Es ist sinnlos, solche alten Schriften durch die Brille der Naturwissenschaft zu verstehen.
Sie ist natürlich dann von Nutzen, wenn man die materielle Welt in unserer Gegenwart erklären will.
Doch unsere gegenwärtige materielle Welt ist nicht alles, was existiert.
Das ist nur eine von vielen Ergebnissen der (menschlichen) Geistestätigkeit.
Es könnte noch sehr viel mehr Ergebnisse von Geistestätigkeiten geben, die aus einer anderen mentalen Kraft resultieren, z. B. aus weitestgehend ungenutzten Zustandsformen unseres Gehirns usw.

Zurück zur Bibel: Wenn Jesus zum Beispiel sagt, dass „in der letzten Zeit Sterne vom Himmel fallen", bedeutet das nicht, dass irgendwelche Brocken von Sternen auf die Erde niederprasseln, sondern er hat symbolisch ausgedrückt, dass die „unerreichbaren Dinge" auf der Erde quasi eingefangen werden.

Man kann heute so viel über Sterne und das Weltall „sehen", in Fotos, im Fernsehen oder auf dem Computer. Was einst so unendlich weit entfernt war und für den Menschen unerreichbar schien, ist durch unsere „Wissenschaft" und deren Forschung so greifbar nah geworden. Die „Unerreichbaren Dinge" haben ihren Status der „Unerreichbarkeit" nunmehr verloren.
Das kann man sehr gut mit dem Ausdruck „die Sterne fallen vom Himmel" nachvollziehen.

Bibel, Mythen usw. „widersprechen“ nicht einfach den Naturwissenschaften, weder die einen noch die anderen sind richtig oder falsch, sondern sie sind „anders geartet“, auf eine ganz andere Art und Weise formuliert und ausgedrückt,
so wie eine Fremdsprache, man könnte sagen, „andersartig kodiert“, in einer anderen Sprache geschrieben.
Man kann sie nur in dem entsprechenden Gehirnzustand und mit der entsprechenden Begriffsbereitschaft entschlüsseln, weil ihr Interesse der geistigen Welt des Menschen gilt.

Es ist ein großes Wunder, dass die allgemein herrschenden Naturgesetze überhaupt „existieren“.
Diese Existenz, ob nun „Urknall“ oder „Evolution“, ist ein „Wille“, ein starker „Wille“, existieren zu wollen. Und dieser Wille ist ein rein geistiges Ding. Einzig allein diesem Willen, den die Menschen einst Gott oder Götter genannt haben, „verdanken“ wir unseren gesamten, natürlichen Alltagsfrieden, wozu zum Beispiel zählt: Dass ein Teil der Sonne nicht „wider Erwarten“ buchstäblich auf die Erde herabfällt, dass die gesamte Elektrizität nicht urplötzlich aus der Welt „verschwindet“, dass sich Sauerstoff oder andere „notwendige“ Dinge nicht einfach eines Tages in lebensfeindliches Gift „verwandeln“, unsere Körperorgane „ohne Unterlass“ ihre Leistung bringen etc. - Das alles sind „Wunder“.
Die Welt könnte auch ganz anders sein, sogar von jetzt auf gleich, wenn „der Wille“, der uns bis jetzt zum Glück

noch so „wohlgesonnen“(?) gegenübergetreten ist, auf eine andere Bahn lenkte. Jedes Naturgesetz, das wir in dieser Sekunde noch für selbstverständlich halten, kann von jetzt auf gleich völlig auf den Kopf gestellt werden und wie eine Seifenblase platzen.

XIV Fantasie und Illusion

Es gibt ein berühmtes Zitat: „Fantasie ist wichtiger als Wissen, denn Wissen ist begrenzt. (Albert Einstein). Dies ist ein sehr wichtiger Satz, über den man gründlich reflektieren sollte. Man könnte auch sagen: „Fantasie geht über das Wissen hinaus“ oder „Wo Wissen aufhört, fängt Fantasie an“.

„Fantasieren“, d.h. „Fantasie betreiben“ oder „sich von seiner Fantasie treiben lassen“, ist eine uralte geistige Kraft der Menschheit. Alle Mythen, Sagen, Märchen usw. kann man als „Fantasien“ bezeichnen. Oder besser ausgedrückt: Sie alle entspringen der „Fantasie-Kraft“ des Menschen.

Bis heute ist alles, von Literatur angefangen über Forschungen und Entdeckungen bis hin zu Erfindungen unterschiedlichster Art eigentlich einzig und allein durch diese „fantastische Kraft“ der Menschheit entstanden.

Es ist die schöpferische Kraft, die einem ermöglicht, etwas neues auf die Welt zu bringen.

Es ist die Kraft, die die Welt bewegt und nach vorne, also in die Zukunft bringt.

Es gibt auch eine Therapieform, die sich „Fantasie-Therapie“ nennt.

In dieser soll man u.a. durch genaues Vorstellen (Imagination) von bestimmten Bildern oder Ereignissen, die in der Realität des Klienten nicht vorkommen, Erleichterung und Zufriedenheit der Seele erreichen.

Also kann man sagen: „Fantasie“ ist vor allem positiv, nützlich und wichtig.

Was aber ist Illusion?
Der Unterschied zwischen Fantasie und Illusion besteht darin, dass Erstere eine Tätigkeit innerhalb der Grenzen von Wahrheit betreibt oder zumindest darum bemüht ist, während Letztere die Wahrheit von vornherein missachtet und ignoriert.
Das bedeutet Fantasie kann in die Wahrheit hinein passen, Illusion hingegen nicht.

Man muss sich allerdings aber auch den Unterschied von „Wahrheit“ und „Realität“ vor Augen führen. Man muss nun an dieser Stelle auch einen Satz aufstellen: „Wahrheit ist wichtiger als Realität.“
Realität ist das, was Menschen bis heute produziert haben, sowohl die guten als auch die bösen.
Wahrheit ist, im Gegensatz dazu, etwas, das von den Geschehnissen der bisherigen Geschichte, wie sie von den Menschen wahrgenommen wurde, unabhängig ist.
Sie war, sie ist und sie wird immer da sein, völlig unabhängig der Tatsache, ob sie von Menschen wahrgenommen wird und auch gänzlich unabhängig davon, ob die Menschen sie akzeptieren oder ignorieren.

XV Liebe und Eigenliebe

Oft wird geglaubt, das Gegenteil von „Liebe“ sei „Hass“. Aber das ist ein Irrglaube.
Hass ist lediglich die „Kehrseite“ von Liebe, und sie sind eins, wie eine Münze mit ihren zwei Seiten.
Das tatsächliche Gegenteil von Liebe ist „Eigenliebe“ (im Sinne von Selbstsucht) und auch diese hat Hass als ihre Kehrseite. Und was hier besonders betont werden muss, ist, dass sowohl Liebe als auch Eigenliebe in ihrer ursprünglichen Gestalt „Atmosphäre“ waren und noch heute sind. Das Geheimnis daran ist, dass diese beiden „Erscheinungen“ genau das Verhältnis von Gut und Böse widerspiegeln.

Die wahre Atmosphäre von Liebe kommt von außen, wogegen die Atmosphäre der Eigenliebe, die sich der Liebe widersetzt, aus dem Innern erwächst. Mit anderen Worten: Liebe ist das, was man „findet“, und Eigenliebe ist das, was man „erfindet“, ganz egal auf welche Weise.

Jede Art der Atmosphäre, die aus dem „Ich“ kommt, ist Eigenliebe, und diese feindet sich mit der wahren Liebe an. Es gibt ein altes deutsches Sprichwort: „Liebe liegt in der Luft“. Darin steckt so viel Wahres.

Was aber viele Menschen Liebe nennen und dafür halten, ist in Wahrheit die „Begierde“. Diese wiederum entspringt allein dem „inneren Ich“ und ist somit unverwechselbar Ausdruck von Eigenliebe.

Liebe ist nicht, was das „Ich“ produziert, sondern das, was man spürt und wahrnimmt.
Diese Liebe bedeutet nicht etwa von jemandem „gemocht“, „umsorgt“ oder „geschätzt“ werden.
Liebe ist lediglich eine Art von Atmosphäre, und wenn man sagt, man spüre die Liebe, heißt das soviel wie: „Man nimmt die Atmosphäre der Liebe wahr“.

Wahrhaftiges „Lieben“ bedeutet nicht, irgendjemanden oder irgendetwas zu mögen oder schätzen, sondern „inmitten der Atmosphäre von Liebe zu sein“.

Nur die Wahl zu treffen, ob man diese Atmosphäre empfängt und in ihr bleibt oder sie ablehnt und aussperrt, ist die einzige, wirklich wichtige und wahrhaftig bedenkliche Angelegenheit aller auf dieser Erde verweilenden Lebewesen.